Nossa Senhora Desatadora dos Nós

Elam de Almeida Pimentel

Nossa Senhora Desatadora dos Nós

Invocada para desatar todos os nós de nossa vida

Novena e ladainha

Petrópolis

© 2008, Editora Vozes Ltda.
Rua Frei Luís, 100
25689-900 Petrópolis, RJ
www.vozes.com.br
Brasil

5ª edição, 2014.
3ª reimpressão, 2025.

Todos os direitos reservados. Nenhuma parte desta obra poderá ser reproduzida ou transmitida por qualquer forma e/ou quaisquer meios (eletrônico ou mecânico, incluindo fotocópia e gravação) ou arquivada em qualquer sistema ou banco de dados sem permissão escrita da editora.

CONSELHO EDITORIAL	PRODUÇÃO EDITORIAL
Diretor	Aline L.R. de Barros
Volney J. Berkenbrock	Jailson Scota
	Marcelo Telles
Editores	Mirela de Oliveira
Aline dos Santos Carneiro	Natália França
Edrian Josué Pasini	Otaviano M. Cunha
Marilac Loraine Oleniki	Priscilla A.F. Alves
Welder Lancieri Marchini	Rafael de Oliveira
	Samuel Rezende
Conselheiros	Vanessa Luz
Elói Dionísio Piva	Verônica M. Guedes
Francisco Morás	
Gilberto Gonçalves Garcia	
Ludovico Garmus	
Teobaldo Heidemann	
Secretário executivo	
Leonardo A.R.T. dos Santos	

Editoração: Fernando Sergio Olivetti da Rocha
Diagramação e Capa: AG.SR Desenv. Gráfico

ISBN 978-85-326-3720-8

Este livro foi composto e impresso pela Editora Vozes Ltda.

Sumário

1. Apresentação, 7
2. Histórico, 9
3. Novena de Nossa Senhora Desatadora dos Nós, 12
   1º dia, 12
   2º dia, 13
   3º dia, 15
   4º dia, 16
   5º dia, 18
   6º dia, 19
   7º dia, 20
   8º dia, 22
   9º dia, 23

4. Oração a Nossa Senhora Desatadora
   dos Nós, 25
5. Ladainha de Nossa Senhora Desatadora
   dos Nós, 27

APRESENTAÇÃO

Nossa Senhora Desatadora dos Nós é uma das invocações marianas mais em moda atualmente. Esta santa é invocada para a solução das dificuldades do dia a dia, em especial para desfazer os "nós" da vida familiar. Ela é solicitada para promover a reconciliação conjugal, para conquistar um emprego, pagar dívidas, curar doenças graves, etc.

Se a vida parece "amarrada", Nossa Senhora Desatadora dos Nós desata estes nós, retirando os obstáculos que impedem o progresso profissional, financeiro, o bom relacionamento familiar e o bom estado de saúde.

Para se obter a graça desejada, deve-se ter muita fé em Deus e em Nossa Senhora, fazendo a novena e/ou rezando as orações a Nossa Senhora Desatadora dos Nós. Antes de começar a rezar, deve-se fazer o sinal da cruz, pedir perdão pelos pecados. Depois, em silêncio, medite sobre a intenção pela qual está fazendo a novena e reze a meditação própria de cada dia da novena. Termine com a oração a Nossa Senhora Desatadora dos Nós e a ladainha. Nossa Senhora Desatadora dos Nós é comemorada no dia 15 de agosto.

Este livrinho contém o histórico, a novena, a oração e a ladainha de Nossa Senhora Desatadora dos Nós. Durante os dias da novena, os devotos refletirão sobre passagens bíblicas, seguidas de uma oração para o pedido da graça especial, acompanhada de um Pai-nosso, uma Ave-Maria e um Glória-ao-Pai.

Histórico

Maria Desatadora dos Nós é uma devoção que surgiu em 1700, na cidade de Ausburgo, na Alemanha. O artista alemão Johann Schmittdner pintou a Virgem Maria, inspirado nos dizeres de Santo Irineu, bispo de Lyon e mártir, no ano 202: "Eva, por sua desobediência, atou o nó da desgraça para o gênero humano; ao contrário, Maria, por sua obediência, o desatou".

Este quadro foi colocado na pequena Igreja de São Peter, em Perlack, Ausburgo, e ali está até hoje, sendo cuidado pelos jesuítas. É um painel de 1,10m de largura por 1,82m de altura.

Neste quadro, Maria é representada como a Imaculada Conceição. Ela está situada entre o céu e a terra, e o Espírito Santo derrama suas luzes sobre a Virgem. Em cima de sua cabeça estão 12 estrelas, significando as 12 tribos de Israel e o número de apóstolos, por quem, após a morte de Jesus, foi chamada de Mestra nas dúvidas, consoladora nas angústias e fortaleza nas perseguições.

O quadro representa Maria conforme São João relatou em Apocalipse 12,1: "apareceu no céu um grande sinal: uma mulher vestida do sol, com a lua debaixo dos pés e na cabeça uma coroa de 12 estrelas". Outro ponto marcante no quadro é o manto azul que Maria está usando, a veste parece estar em movimento e simboliza a glória que reveste a Rainha no céu. Maria esmaga com os pés a cabeça de uma serpente, símbolo das forças do mal.

Na pintura, um dos anjos entrega a Maria uma faixa com os nós maiores e menores, separados e juntos. Estes nós, segundo a tradição, simbolizam o pecado original, nossos pecados cotidianos e suas consequências que impedem que as graças frutifiquem livremente em nossa vida. Na parte inferior da pintura há um anjo segurando uma faixa que cai livremente. Mais abaixo, simbolizando a escuridão que domina a Terra, a pintura se mostra bem escura e aí pode ser visto um homem sendo guiado por um anjo até o topo da montanha. Segundo a tradição, trata-se do Arcanjo Rafael que acompanha Tobias, figura bíblica do Antigo Testamento, e o ajuda a encontrar-se com Sara, sua esposa, escolhida por Deus. Segundo dizem alguns biógrafos, essa história está no quadro para afirmar que Maria Desatadora dos Nós concede inúmeras graças no casamento e promove a reconciliação das famílias.

Esta devoção a Nossa Senhora Desatadora dos Nós se espalhou, e, no Brasil, em 1999, chegou a Campinas/SP uma réplica do quadro descrito acima no Santuário Maria Porta do Céu. A partir de então, a devoção se espalhou e medalhas e santinhos com símbolos e orações a Nossa Senhora Desatadora dos Nós são vendidos.

Também em Búzios/RJ foi construída exclusivamente para Nossa Senhora Desatadora dos Nós uma capela, inaugurada em 2001. Nestes locais fiéis colocam placas de agradecimento por graças alcançadas na saúde, no amor e nas finanças.

Novena de Nossa Senhora Desatadora dos Nós

1º dia

Iniciemos com fé este primeiro dia de nossa novena, invocando a presença da Santíssima Trindade: em nome do Pai, do Filho e do Espírito Santo. Amém.

Leitura bíblica: Ct 6,10
"Quem é esta que surge como a aurora, bela como a lua, brilhante como o sol, esplêndida como o céu estrelado."

Reflexão: Segundo a tradição, foi com estas palavras que os anjos receberam Nossa Senhora no céu, ao vê-la tão bela e gloriosa. E toda a corte celeste, com hinos de louvor e júbilo, a bendisse. E é com seu amor de mãe e seu poder intercessor junto ao seu filho Jesus que Maria, trazendo com ela a corte celeste, desata os nós que tanto nos angustiam.

Oração: Nossa Senhora Desatadora dos Nós, em vós confio. Eu sei que podeis desatar este nó, pois tudo é possível para seu amado filho. Estendeis vossa mão misericordiosa para mim. Entrego-vos hoje este nó... (fala-se o problema que aflige) e todas as consequências negativas que ele provoca em minha vida. Santa Maria, dai-nos perseverança em nosso amor a Deus e ensina-nos a dar graças por tudo o que dele recebemos.

Pai-nosso
Ave-Maria
Glória-ao-Pai
Nossa Senhora Desatadora dos Nós, intercedei por nós.

2º dia

Iniciemos com fé este segundo dia de nossa novena, invocando a presença da Santíssima Trindade: em nome do Pai, do Filho e do Espírito Santo. Amém.

Leitura do Evangelho: Lc 1,48-50

"Eis que de agora em diante me chamarão feliz todas as gerações, porque o Poderoso fez por mim grandes coisas: O seu nome é santo. Sua misericórdia passa de geração em geração para os que o temem."

Reflexão: Este trecho do *Magnificat* mostra a fé e gratidão de Maria para com o Divino e apresenta Nossa Senhora como a Medianeira entre nós e Deus em todas as épocas. Maria ofereceu a Deus todos os momentos do seu dia. Vamos pedir a ela que nos ajude a ter firmeza em nossa fé em Deus e nela.

Oração: Maria, vos pedimos para nos ajudar a expulsar de nossos corações todo orgulho, egoísmo e nos manter cada vez mais próximos de Deus e de vós. Maria Desatadora dos Nós, recorro a vós hoje para pedir que desate este nó (fala-se o problema) que me impede de ser feliz e de refletir sobre a glória de Deus.

Pai-nosso
Ave-Maria
Glória-ao-Pai
Nossa Senhora Desatadora dos Nós, intercedei por nós.

3º dia

Iniciemos com fé este terceiro dia de nossa novena, invocando a presença da Santíssima Trindade: em nome do Pai, do Filho e do Espírito Santo. Amém.

Leitura bíblica: Tg 4,2
"Não obtendes nada porque não pedis. Pedis e não recebeis porque pedis mal."

Reflexão: Maria rogou com os apóstolos durante quatro dias pela vinda do Espírito Santo. Ela nos ensina a ter a perseverança necessária na oração, a não desistir e a ter paciência e fé na oração para o alcance da graça solicitada.

Oração: Ó Maria, ensinai-nos a ser pacientes e a rezar. Confio em vós para desatar este nó de minha vida... (fala-se o problema). Afastai também todo o rancor e/ou ressentimento que ele me causou. Ajudai-me a perdoar todos que, consciente ou inconscientemente, provocaram este nó. Amém.

Pai-nosso
Ave-Maria
Glória-ao-Pai
Nossa Senhora Desatadora dos Nós, intercedei por nós.

4º dia

Iniciemos com fé este quarto dia de nossa novena, invocando a presença da Santíssima Trindade: em nome do Pai, do Filho e do Espírito Santo. Amém.

Leitura do Evangelho: Lc 2,15-19
"Assim que os anjos se foram para o céu, os pastores disseram uns aos outros: 'Vamos até Belém, para ver o acontecimento que o Senhor nos deu a conhecer'. Foram depressa e encontraram Maria, José e o menino deitado numa manjedoura. Ven-

do-o, contaram as coisas que lhes foram ditas sobre o menino. Todos que ouviam isto maravilhavam-se do que lhes diziam os pastores. Maria conservava todas essas coisas meditando-as em seu coração."

Reflexão: "...meditando em seu coração", aceitando, acreditando, tendo fé em Deus, Maria entregou sua vida nas mãos dele. Vamos seguir seu exemplo e entregar nossa vida, nossos problemas nas mãos de Nossa Senhora e de Jesus.

Oração: Ó Maria Desatadora dos Nós, que sua misericórdia chegue a nós e a nossa família. Tem piedade de mim. Confio em vós e vos peço que desateis este nó de minha vida... (fala-se o problema). Dai-nos paz e aumentai nossa fé.

Pai-nosso
Ave-Maria
Glória-ao-Pai
Nossa Senhora Desatadora dos Nós, intercedei por nós.

5º dia

Iniciemos com fé este quinto dia de nossa novena, invocando a presença da Santíssima Trindade: em nome do Pai, do Filho e do Espírito Santo.

Leitura do Evangelho: Jo 14,1
"Não se perturbe o vosso coração. Credes em Deus, crede também em mim."

Reflexão: Maria aceitou todos os desígnios divinos em sua vida. Teve um amor incondicional por Jesus e de entrega total a Deus. Vamos pedir a ela sua proteção e com ela aprender a amar e aceitar tudo que vem do Senhor.

Oração: Santa Mãe do Senhor, ensinai-nos a amar como vós as coisas simples da vida e, como vós, a aceitar todos os desígnios de Deus Pai, todo-poderoso. Nossa Senhora Desatadora dos Nós, venho a vós novamente entregar este nó... que tanto me aflige. Rogai a Deus para que eu receba um novo sopro do Espírito Santo neste momento de minha vida. Amém.

Pai-nosso
Ave-Maria
Glória-ao-Pai
Nossa Senhora Desatadora dos Nós, intercedei por nós.

6º dia

Iniciemos com fé este sexto dia de nossa novena, invocando a presença da Santíssima Trindade: em nome do Pai, do Filho e do Espírito Santo.

Leitura bíblica: Gl 6,2

"Carregai o peso uns dos outros e assim cumprireis a lei de Cristo."

Reflexão: Às vezes nos sentimos como se não houvesse solução para os problemas, parecendo que o mundo está desabando. Nesse momento de extrema dificuldade, a ajuda de alguém e a fé em Deus e em Nossa Senhora muito nos ajuda. Se alguém está desanimado, encoraje-o, ajude-o a achar uma saída. Estenda-lhe a mão e ajude-o, cumprindo assim a lei de Deus.

Oração: Nossa Senhora protetora nossa, ajudai-nos a cumprir as leis de Deus. Maria Desatadora dos Nós, auxiliai-nos na solução desse emaranhado de problemas em nossas vidas. Rainha de misericórdia, confio em vós este nó da minha vida... (fala-se o problema). Santa Maria Desatadora dos Nós, socorrei-nos.

Pai-nosso
Ave-Maria
Glória-ao-Pai
Nossa Senhora Desatadora dos Nós, intercedei por nós.

7º dia

Iniciemos com fé este sétimo dia de nossa novena, invocando a presença da Santíssima Trindade: em nome do Pai, do Filho e do Espírito Santo.

Leitura bíblica: Sl 91,9-12
"É o SENHOR meu refúgio, tu fizeste do Altíssimo tua morada. Não te acontecerá mal algum, nem a praga chegará à tua tenda.

Pois aos seus anjos dará ordens a teu respeito, para que te guardem em todos os teus caminhos. Eles te levarão nas mãos, para que teu pé não tropece numa pedra."

Reflexão: É um salmo de total confiança em Deus, é uma entrega total na certeza da sua presença em todas as situações de nossas vidas. Assim Maria baseou toda sua vida, numa entrega total ao Senhor.

Oração: Amadíssima Nossa Senhora, ensinai-nos a amar como vós a Jesus e ajudai-nos na solução de nossos problemas. Nossa Senhora Desatadora dos Nós, venho a vós hoje para suplicar que desateis este nó da minha vida... (fala-se o problema).

Pai-nosso
Ave-Maria
Glória-ao-Pai
Nossa Senhora Desatadora dos Nós, intercedei por nós.

8º dia

Iniciemos com fé este oitavo dia de nossa novena, invocando a presença da Santíssima Trindade: em nome do Pai, do Filho e do Espírito Santo.

Leitura do Evangelho: Mt 26,39
"Pai, se for possível, afasta de mim este cálice, contudo não se faça como eu quero, mas como tu queres."

Reflexão: Às vezes nossa dor é tanta que não conseguimos nem rezar. Nessa hora, lembremos que nossa força está em Jesus, e coloquemos nossas vidas em suas mãos. Jesus assim o fez em sua dor e angústia, em relação ao Pai.

Oração: Santa Maria Desatadora dos Nós, ajudai-nos a ter sempre fé em Deus Pai. Tende piedade de nós e desatai este nó... (fala-se o problema) na minha vida. Coloco em vossas mãos minha casa, minha família, pois em vós confio plenamente.

Pai-nosso
Ave-Maria
Glória-ao-Pai
Nossa Senhora Desatadora dos Nós, intercedei por nós.

9º dia

Iniciemos com fé este nono dia de nossa novena, invocando a presença da Santíssima Trindade: em nome do Pai, do Filho e do Espírito Santo. Amém.

Oração: Nossa Senhora Desatadora dos Nós, vós bem conheceis os sofrimentos de minha vida. Venho pedir-vos para desatardes os nós que me afligem, livrando-me das ciladas do mal. Creio que vós tendes grande poder para eliminar qualquer mal de minha vida, destruindo todas as armadilhas que os nós provocaram.

Santa Maria Desatadora dos Nós, agradeço-vos por desatardes os nós de minha vida. Cobri-me com vosso manto de amor, guiando-me na vossa proteção, iluminai-me com vossa paz. Amém.

Pai-nosso
Ave-Maria
Glória-ao-Pai
Nossa Senhora Desatadora dos Nós, intercedei por nós.

Oração a Nossa Senhora Desatadora dos Nós

Nossa Senhora Desatadora dos Nós, Mãe de Jesus, protetora nossa, intercedei junto a vosso filho para que possamos nos livrar dos nós que atrapalham nossa vida, dos ressentimentos e da falta de fé. Nossa Senhora Desatadora dos Nós, mãe que nunca deixou de socorrer um filho aflito, voltai o vosso olhar sobre mim e vede o emaranhado de nós que há em minha vida.

Vós bem conheceis meu desespero, a minha dor e o quanto estou amarrado a estes nós. Confio em vós para desamarrar estes nós, devolvendo a paz tão necessária. Nossa Senhora Desatadora dos Nós, mãe poderosa, peço vossa intercessão junto a Jesus, vosso amado filho, para desatar este nó... (fala-se o problema). Vós sois a minha esperança. Ouvi a minha súplica e livrai-me de todo mal.

Nossa Senhora Desatadora dos Nós, intercedei por nós. Amém.

Ladainha de Nossa Senhora Desatadora dos Nós

Senhor, tende piedade de nós.
Jesus Cristo, tende piedade de nós.
Senhor, tende piedade de nós.

Jesus Cristo, ouvi-nos.
Jesus Cristo, atendei-nos.

Pai celeste, que sois Deus, tende piedade de nós.
Deus Filho, Redentor do mundo, tende piedade de nós.
Deus Espírito Santo, tende piedade de nós.
Santíssima Trindade, que sois um só Deus, tende piedade de nós.

Santa Maria, Rainha dos Mártires, rogai por nós.

Nossa Senhora Desatadora dos Nós, rogai por nós.

Nossa Senhora Desatadora dos Nós, mãe de Deus, rogai por nós.

Nossa Senhora Desatadora dos Nós, rainha de todos nós, rogai por nós.

Nossa Senhora Desatadora dos Nós, que desata os nós de nossas vidas, rogai por nós.

Nossa Senhora Desatadora dos Nós, que através de vós chegou nossa salvação, rogai por nós.

Nossa Senhora Desatadora dos Nós, mãe do Sol nascente, rogai por nós.

Nossa Senhora Desatadora dos Nós, Imaculada Conceição, rogai por nós.

Nossa Senhora Desatadora dos Nós, advogada nossa, rogai por nós.

Nossa Senhora Desatadora dos Nós, auxiliadora nos momentos de aflição, rogai por nós.

Nossa Senhora Desatadora dos Nós, rainha da misericórdia, rogai por nós.

Nossa Senhora Desatadora dos Nós, mestra nas dúvidas, rogai por nós.

Nossa Senhora Desatadora dos Nós, consoladora nas angústias, rogai por nós.

Nossa Senhora Desatadora dos Nós, fortaleza nas perseguições, rogai por nós.

Nossa Senhora Desatadora dos Nós, mãe do povo de Deus, rogai por nós.

Nossa Senhora Desatadora dos Nós, mãe da Igreja, rogai por nós.

Nossa Senhora Desatadora dos Nós, mãe Santíssima, rogai por nós.

Nossa Senhora Desatadora dos Nós, Virgem Maria, rogai por nós.

Nossa Senhora Desatadora dos Nós, mãe do belo amor, rogai por nós.

Nossa Senhora Desatadora dos Nós, mãe que jamais deixa de vir em socorro de um filho aflito, rogai por nós.

Nossa Senhora Desatadora dos Nós, senhora minha, rogai por nós.

Nossa Senhora Desatadora dos Nós, Santa Maria, rogai por nós.

Nossa Senhora Desatadora dos Nós, mãe amada, rogai por nós.

Nossa Senhora Desatadora dos Nós, mãe medianeira, rogai por nós.

Nossa Senhora Desatadora dos Nós, rainha do céu, rogai por nós.

Nossa Senhora Desatadora dos Nós, mãe querida, rogai por nós.

Nossa Senhora Desatadora dos Nós, mãe generosa, rogai por nós.

Nossa Senhora Desatadora dos Nós, mãe compassiva, rogai por nós.

Nossa Senhora Desatadora dos Nós, mãe puríssima, rogai por nós.

Nossa Senhora Desatadora dos Nós, mãe esperança dos doentes, rogai por nós.

Nossa Senhora Desatadora dos Nós, mãe de todos nós, rogai por nós.

Cordeiro de Deus, que tirais o pecado do mundo, perdoai-nos, Senhor.

Cordeiro de Deus, que tirais o pecado do mundo, atendei-nos, Senhor.

Cordeiro de Deus, que tirais o pecado do mundo, tende piedade de nós, Senhor.

Jesus Cristo, ouvi-nos.
Jesus Cristo, atendei-nos.

Rogai por nós, Nossa Senhora Desatadora dos Nós.
Para que sejamos dignos das promessas de Cristo.

Conecte-se conosco:

- **f** facebook.com/editoravozes
- ◉ @editoravozes
- 𝕏 @editora_vozes
- ▶ youtube.com/editoravozes
- ◍ +55 24 2233-9033

www.vozes.com.br

Conheça nossas lojas:
www.livrariavozes.com.br

Belo Horizonte – Brasília – Campinas – Cuiabá – Curitiba
Fortaleza – Juiz de Fora – Petrópolis – Recife – São Paulo

  Vozes de Bolso

EDITORA VOZES LTDA.
Rua Frei Luís, 100 – Centro – Cep 25689-900 – Petrópolis, RJ
Tel.: (24) 2233-9000 – E-mail: vendas@vozes.com.br